Couverture inférieure manquante

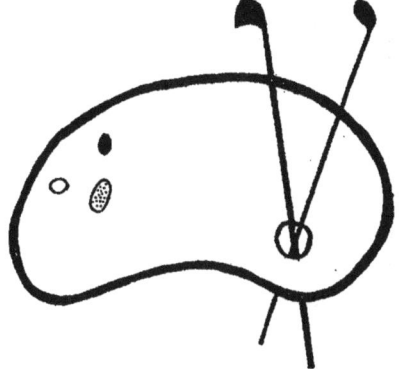

DEBUT D'UNE SERIE DE DOCUMENTS
EN COULEUR

COMPTE-RENDU
DE LA CÉRÉMONIE DU 24 AVRIL 1864

ET DES

SOLENNITÉS RELIGIEUSES

QUI ONT SUIVI

L'INAUGURATION DES MONUMENTS ÉLEVÉS A LA MÉMOIRE
DE SAINT VINCENT DE PAUL

PRIX : 30 CENTIMES

Se vend :

Au Bureau du RÉVEIL DES LANDES, rue Neuve, 24,
et chez Mme MATON, libraire, rue des Carmes.

DAX. — TYPOGRAPHIE ET LITHOGRAPHIE DE G. BONNEDAIGT.

1864

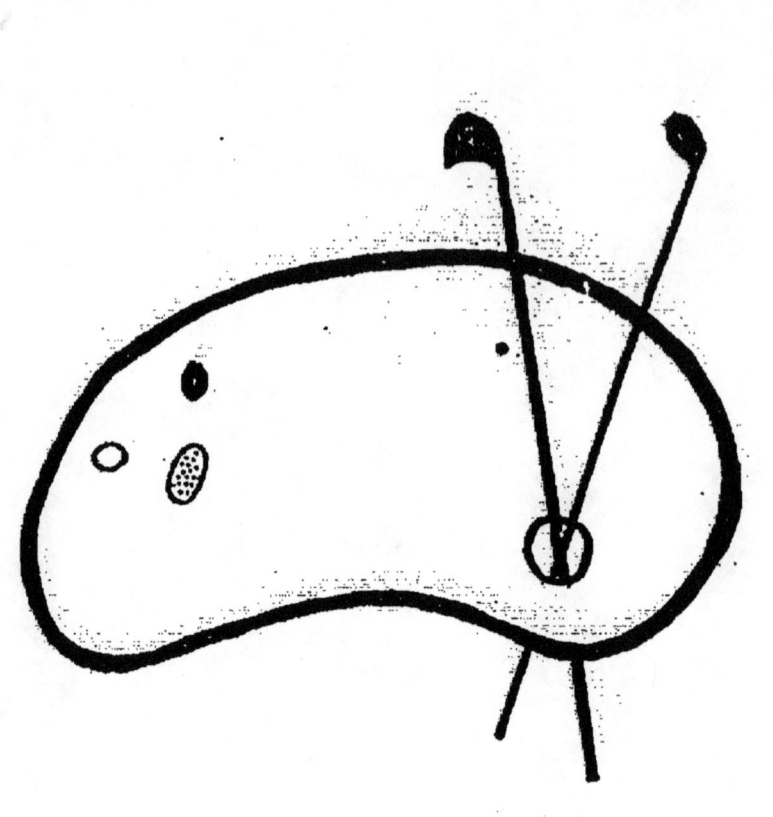

FIN D'UNE SERIE DE DOCUMENTS EN COULEUR

COMPTE-RENDU
DE LA CÉRÉMONIE DU 24 AVRIL 1864

ET DES

SOLENNITÉS RELIGIEUSES

QUI ONT SUIVI

L'INAUGURATION DES MONUMENTS ÉLEVÉS A LA MÉMOIRE

DE SAINT VINCENT DE PAUL

La date du 24 AVRIL fera époque dans notre contrée. Jamais plus beau soleil n'éclaira plus belle fête. On aurait dit que le ciel et la terre s'étaient concertés pour donner tout le prestige possible à la cérémonie de dimanche et marquer d'une empreinte ineffaçable les honneurs rendus par les hommes à notre glorieux Vincent de Paul.

Dès le 23 au soir, le son des cloches et le bruit du canon annonçaient au loin l'imposante solennité du lendemain. Le 24, la ville entière était levée au point du jour. Bientôt après, le tambour et la musique retentissaient, et la compagnie des sapeurs-pompiers, au grand complet et dans sa plus belle tenue, ne tardait pas à traverser nos rues, se dirigeant au pas accéléré vers le lieu de l'inauguration. Elle était accompagnée de la Société philharmonique dont les membres étaient revêtus d'un magnifique costume neuf qui rivalisait d'éclat avec la riche bannière offerte à cette société par les dames de Dax. Les deux sociétés chorales suivaient de près leurs confrères de l'instrumentation. De son côté, la population ne restait pas en arrière ; en un clin d'œil, la route qui mène à la gare se couvrait de voitures et de piétons : c'était un mouvement, un bruit, une animation dont rien ne saurait donner une idée.

Cependant, fidèle à son programme, la Compagnie du Midi faisait partir ses trains aux heures indiquées par les affiches. Des convois interminables déposaient à la barrière de Pouy (passage à niveau) des myriades de voyageurs. Outre les quatre trains spéciaux de Dax, d'autres trains, également spéciaux, partis de Bordeaux, de Bayonne, de Tarbes, de Riscles, de Mont-de-Marsan, de Pau, arrivaient incessamment à la même barrière. Avant 10 heures, l'affluence était immense, et le vaste plateau de Ranquines regorgeait de pèlerins venus des divers points du monde catholique. La chrétienté tout entière était représentée à cette fête. En attendant la cérémonie et pendant que la foule, avide de tout voir, allait du *chêne* à la maison et de la chapelle monumentale à l'hospice, des messes ont été dites sans interruption à l'autel élevé provisoirement, non pas, ainsi qu'on l'avait annoncé, sous l'arbre de St-Vincent-de-Paul, mais au haut d'une estrade adossée extérieurement à la porte nord de la nouvelle église. Les degrés de cette estrade étaient recouverts de tapis. A chaque messe, le nombre des communiants des deux sexes était considérable. On a remarqué notamment la société bordelaise de St-Vincent-de-Paul, dont les membres se sont tous approchés de la sainte table. Des fidèles en très-grand nombre assistaient, en dehors de l'enceinte, au service divin : le recueillement de cette foule était admirable.

A 9 heures et demie, la procession est partie de l'église paroissiale de Pouy. NN. SS. les archevêques et évêques, qui étaient descendus inopinément à une belle habitation appartenant à la famille Froment-Cadrey et située à une courte distance du bourg, ont reçu dans cette maison l'accueil le plus respectueux et le plus empressé. C'est là que les prélats et les hauts dignitaires venus de Paris, ainsi que les membres de la Société philharmonique, ont pris place dans le cortége qui s'est dirigé vers le lieu de la naissance de St Vincent de Paul. On voyait d'abord les orphelins et les vieillards de l'hospice, suivis des orphelines des hôpitaux dans leur costume et couvertes d'un voile blanc. Venaient ensuite les enfants de Marie et les jeunes personnes appartenant aux diverses confréries des paroisses : toutes ces jeunes filles étaient en blanc, et chacune portait à la main une oriflamme. Après elles marchaient les dames faisant partie des associations de charité, les filles de la charité, dont le nombre était très considérable, ainsi que d'autres religieuses, les élèves du petit séminaire, ceux des colléges et de l'école normale, les membres des conférences de St-Vincent-de-Paul, les religieux et les frères des écoles chrétiennes, et l'imposante masse des prêtres du diocèse et des prêtres étrangers, tous revêtus de leurs surplis. La châsse du Saint paraissait ensuite, portée par quatre prêtres de St-Lazare, revêtus de dalmatiques ; elle était entourée par tous les prêtres de la mission présents à la cérémonie. Deux archiprêtres et deux chanoines du diocèse tenaient les cordons. A la suite de la châsse on voyait les membres de la famille de St-Vincent-de-Paul, et après eux M. le préfet des Landes, accompagné de M. le sous-préfet de Dax, de MM. Hamille et Faugère, représentant les ministres des cultes et des affaires étrangères, de M. le maire de Dax avec les membres de la commission municipale, et d'autres dignitaires du département et d'ailleurs. On voyait enfin s'avancer majestueusement NN. SS. les archevêques et évêques, en chape blanche, mitre et crosse, accompagnés de leurs assistants et de leurs porte-insignes. S. E. le cardinal-archevêque de Bordeaux, prélat officiant, paraissait le dernier, précédé de cet illustre groupe. Le cortége était fermé par une foule de fonctionnaires de plusieurs administrations. Pendant le défilé, les cloches de la paroisse et celles de la chapelle, ainsi que de l'hospice, sonnaient à toute volée; le canon se faisait entendre, et les trois sociétés musicales de Dax exécutaient divers morceaux. Cette musique, ces chants, le bruit du tambour, le son des cloches et de l'artillerie, ces costumes variés, ces centaines de bannières, les plumets rouges des sapeurs-pompiers, les baïonnettes reluisant au soleil, les crosses d'or des évêques, ce ciel pur, ce paysage inondé de lumière et envahi par les flots grossissants de la population, tout cela formait un ensemble incomparable et une pompe sacrée à laquelle aucune fête profane ne saurait atteindre.

Le cortége a fait une halte à l'embranchement des routes de Dax et de Buglose. Sur ce point avait été dressé un arc-de-triomphe colossal où l'on a déposé pour quelques instants la châsse du Saint. Au fronton de cet arc triomphal, on lisait l'inscription suivante, tracée en caractères gigantesques :

Anno domini 1576, aprilis 24, Henrico tertio regnante, Podii nascitur Vincentius à Paulo.

M. l'abbé Getten, curé de St-Vincent-de-Paul, s'est alors avancé respectueusement et a prononcé d'une voix émue l'allocution suivante :

Éminence, Messeigneurs,

Toute cette terre des Landes s'agite, frémissante de joie, sous les pas de tant d'illustres pèlerins. Les échos des forêts se réveillent, et notre chêne, géant des siècles, balance majestueusement sa fraîche couronne de feuillage pour saluer tant de splendeurs subitement réunies.

Vous vous êtes levés, et avec vous le pays tout entier s'est levé comme un seul homme et précipité à votre suite. N'êtes-vous pas les conducteurs et les anges des peuples? et qu'ont de mieux à faire les nations qu'à saisir la frange de votre pourpre, en disant : nous irons avec vous, car nous savons que le salut vient de l'Eglise.

Et qu'êtes-vous venus chercher au désert, à la tête de ces innombrables multitudes? un berceau, un enfant et les traces obscures de ses premiers pas dans la vie.

Votre attente, Eminence, Messeigneurs, ne sera point trompée. Le berceau que vous cherchez est là, à l'ombre de ce chêne millénaire. Là est né cet enfant dont le nom est aujourd'hui dans tous les cœurs et dans toutes les bouches. Vous voyez autour de vous les champs qu'arrosèrent ses premières sueurs et qu'arrosent encore les sueurs des descendants de sa race : vous voyez les landes où il conduisait les troupeaux de son père. C'est ici que ce cœur, qui a tant aimé, qui a tant souffert, a senti avec les premières étreintes du besoin, les premières émotions de la charité. C'est là, au détour de ce chemin, que sa petite bourse s'épanchait toute entière dans le sein du malheureux et que son sac s'ouvrait parfois pour verser de sa farine dans le sac vide du pauvre. Là, Messeigneurs, au pied de cet autel, il entendit pour la première fois la voix de Dieu qui lui disait : Va, le monde souffre ; le pauvre, le malade, l'orphelin, le vieillard implorent mon secours : va, tu seras auprès d'eux le représentant de ma miséricorde. Et il est parti, léguant aux siens, dans son dernier adieu, une pauvreté honorable, pour s'élancer à travers toutes les douleurs, toutes les angoisses de l'humanité, comme la providence visible de toute âme qui souffre.

Ce sol a profondément gardé l'empreinte de ses pas avec le parfum de ses vertus naissantes. Et depuis le jour où il s'envola aux cieux, toutes les générations sont venues les unes après les autres s'agenouiller et prier sur son berceau.

Vous venez à votre tour, pontifes couronnés de la majesté de Dieu, avec le cortège de toutes les illustrations humaines, vous venez incliner vos sceptres et vos tiares devant celui qui ne porta ici que la houlette du berger. Nos landes avaient donné au monde un enfant, un prêtre, un apôtre, un héroïque serviteur de Dieu et des hommes : aujourd'hui, avec ces reliques insignes, vous nous ramenez un saint. Vincent de Paul, escorté de trois siècles de gloire, revient au milieu des siens ; il va se fixer au milieu de nous avec les plus chers objets de sa tendresse, l'orphelin et le vieillard délaissés ; il va revivre sous nos yeux dans ses personnifications les plus touchantes : la fille de la charité et le prêtre de la mission.

Ce magnifique héritage, nous l'acceptons avec joie, Vincent de Paul peut compter sur nous. Nos respects entoureront sa demeure triomphale, comme notre amour protégea son humble cabane, et nos cœurs feront autour de ce dépôt sacré une garde fidèle.

La procession a bientôt repris sa marche.

Arrivés devant la chapelle monumentale, les prélats ont gravi les degrés de l'estrade et se sont assis, dans l'ordre voulu par le cérémonial, aux deux côtés de l'autel ; les assistants se sont rangés en divers groupes dans les parties de l'enceinte qui leur étaient assignées. Quand tout le monde a été placé, M. Etienne, supérieur-général des lazaristes et des filles de la charité, a prononcé un discours que son étendue nous empêche de reproduire intégralement, mais dont nous ne voulons pas priver entièrement nos lecteurs. En voici le commencement :

MESSEIGNEURS,

En présence de cette grande figure qui fixe tous les regards en ce moment, que tous contemplent avec amour, qui plane sur cette magnifique assemblée, objet de tous les respects et de toutes les admirations, le timide et obscur successeur de St Vincent de Paul ne peut qu'en tremblant oser prendre la parole. Ebloui par l'éclat d'une si grande gloire ; écrasé sous le poids de tant de prodiges accumulés pendant une carrière de quatre-vingt-cinq années ; étourdi par ces échos divers qui de tous les points du monde répètent avec enthousiasme le nom de l'apôtre de la charité, du bienfaiteur du genre humain tout entier, que sa voix est faible, qu'elle est impuissante à vous adresser des paroles dignes de son sujet ! Aussi le silence me semblait-il devoir être mon partage dans cette grande solennité. Le vénérable pontife à qui Dieu avait réservé l'honneur de glorifier le berceau de St Vincent de Paul, à l'imitation d'un autre pontife, de glorieuse mémoire, qui a entouré de gloire son tombeau, n'a point partagé ma pensée. Il m'a commandé de parler : j'obéis. Je voudrais être le plus court possible ; car si mon amour pour ce grand saint, que j'ai tant de bonheur à appeler mon père, repousse toute limite, mon respect pour l'honorable auditoire qui daigne m'écouter, m'impose le devoir d'éviter de fatiguer son attention.

N'attendez pas de moi, mes frères, que je vienne dérouler devant vous et présenter dans ses détails la longue et belle vie de ce héros du sacerdoce dont la mémoire nous occupe aujourd'hui. Votre pensée s'élève plus haut. A vos yeux, sans doute, cette cérémonie, au temps où nous vivons, est tout un évènement dans les desseins de la Providence. Ce sanctuaire érigé au lieu même de sa naissance ; toute cette gloire dont viennent entourer son berceau et ce que l'Eglise a de plus vénérable et ce que l'Etat a de plus illustre, ce peuple immense qui vient lui apporter le tribut de ses hommages : tout cela révèle une pensée mystérieuse du Ciel, tout cela rappelle énergiquement la parole du prophète royal : « C'est Dieu qui est grand dans ses saints : *Magnus Deus in sanctis suis ;* » tout cela proclame que St Vincent de Paul fut un vase d'élection formé par le Seigneur et destiné à porter son nom devant les nations, devant les rois et devant les enfants d'Israël : *Vas electionis est mihi iste...* »

Toute la pensée de l'orateur, ainsi qu'il l'a dit lui-même, se résumait dans les trois mots suivants : *Saint Vincent de Paul, par sa destinée providentielle, fut l'homme de son siècle ; — il est encore l'homme du siècle présent ; — il sera aussi l'homme des siècles futurs.* Après avoir développé ces trois points avec une grande élévation de pensées et de style, l'héritier direct du fondateur des lazaristes a terminé par cette touchante péroraison :

O grand Saint, vers lequel s'élèvent en ce jour tant de vœux et de prières ! des splendeurs qui environnent votre trône, descendez des regards de complaisance et d'amour sur cette imposante solennité ! faites que les espérances qu'elle nous inspire obtiennent leur accomplissement ! Placé à la source des grâces et des bénédictions célestes, faites-les descendre avec profusion sur cette pieuse assemblée, et qu'elles fassent germer dans toutes les âmes les grandes vertus qui ont si admirablement ennobli la vôtre ! Bénissez l'immortel Pontife qui occupe si dignement le siége de St-Pierre, qui aujourd'hui oublie ses amertumes et ses douleurs pour assister par la pensée à cette fête de famille chrétienne, en faveur de laquelle il a si gracieusement ouvert les trésors de l'Eglise ! Bénissez avec toute la tendresse de votre cœur, notre magnanime Empereur, dont le génie comprend si bien le vôtre, qui est heureux de voir votre nom se mêler aux grandes choses qu'il opère pour relever les anciennes gloires de la France et lui en créer de nouvelles, et qui a si puissamment concouru à vous procurer les honneurs de cette mémorable journée [1] ! Bénissez ces éminents et vénérables pontifes, gardiens fidèles de vos traditions de charité, dont la présence ici atteste qu'ils les continuent par leurs exemples et par les hautes vertus qui les distinguent ! Bénissez ces nombreuses députations du clergé de France, si justement fières de voir en votre personne, environné d'une si grande illustration, le caractère dont ils sont revêtus, et qui marchent si généreusement sur vos traces ! Bénissez tous ces dignes magistrats de la hiérarchie sociale, ainsi que les honorables membres de la commission du monument et de la loterie dont les sollicitudes et les nobles sentiments ont hâté de tout leur pouvoir ce jour qui devait répandre tant d'éclat sur ces contrées ! Bénissez ce peuple fidèle au sein duquel on aime à distinguer des rejetons de votre race, dignes héritiers de votre foi et de votre simplicité, et qui est si empressé de venir honorer votre mémoire, se placer sous votre puissante protection ! Bénissez notre chère France, que vous avez toujours tant aimée, qui n'est si redoutable dans ses mouvements politiques que parce qu'elle possède une puissance immense pour le bien, et qui n'agite le monde que sous la direction de la Providence pour le forcer à devenir meilleur ! Mais surtout, ô bienheureux Père, bénissez vos deux familles, si joyeuses de vous appartenir, et qui se sentent si honorées de remplir la mission de perpétuer vos maximes et de conserver votre esprit ! Vous leur souriez du haut du ciel, et votre cœur tressaille de joie en les contemplant si nombreuses et si prospères, et surtout en les voyant demeurer toujours telles qu'elles sont sorties de vos mains, pleines de la vie et de la fécondité que vous leur avez communiquées, plus de deux siècles après votre mort, malgré toutes les révolutions qu'elles ont traversées ! De dignes représentants, rassemblés de l'Europe, de l'Asie, de l'Afrique

---

[1] C'est avec le produit d'une loterie d'un million de billets autorisée par l'Empereur que le monument a pu être achevé.

et de l'Amérique, sont venus en leur nom entourer votre berceau, y déposer leurs hommages, resserrer les liens sacrés qui les unissent à vous, et proclamer en face des anges et du monde que leur vie, c'est la vôtre ; que leurs succès, c'est votre ouvrage ; que leur cœur, c'est votre cœur ! Oh ! répondez aux accents de leur amour par de nouvelles effusions de votre tendresse paternelle ! Qu'ils reportent aux contrées qui sont le théâtre de leurs travaux, une surabondance de grâces et des richesses de protection qui assurent à leurs œuvres des développements plus prospères encore, et à leur dévouement des fruits de salut qui soient la consolation de l'Eglise, la joie du ciel et l'édification de la terre ! Enfin, faites, ô grand Saint, que tous ceux qui composent aujourd'hui cette magnifique couronne de votre berceau, entourent aussi un jour votre trône dans le séjour de la gloire céleste. Ainsi soit-il.

Après ce discours, S. E. Mgr le cardinal-archevêque de Bordeaux a célébré pontificalement une messe basse, pendant laquelle la *Lyre Dacquoise* et la Société philharmonique de Dax, ainsi que les élèves du grand séminaire d'Aire, ont exécuté alternativement des morceaux religieux. A la fin de l'office, Mgr le cardinal Donnet a pris à son tour la parole et a prononcé une chaleureuse allocution inspirée par la circonstance. La cérémonie a été close par le chant du *Te Deum* et par la bénédiction du saint-sacrement donnée par le prince de l'Eglise. Les autres prélats réunis sur l'estrade étendaient aussi les mains pour bénir le peuple.

Au nombre des morceaux chantés, il convient de signaler la cantate de M. Ransou (musique de M. Samalens) exécutée par la *Lyre Dacquoise* et par la Société philharmonique, pendant le temps d'arrêt de la procession sous l'arc-de-triomphe élevé à l'embranchement de la route impériale et du chemin de Buglose. Ce chœur a produit le plus saisissant effet. On a remarqué aussi le chœur des *Apôtres*, chanté par l'orphéon *St-Vincent-de-Paul-Dax*. Chanteurs et instrumentistes, tous ont fait dignement leur devoir.

Parmi les membres des conférences de St-Vincent-de-Paul présents à la cérémo gnalé M. de Baudon, ancien président de toutes les conférences, et dont les circulaires de M. de Persigny ont rendu le nom célèbre ; — M. de Caux, président du Conseil de Paris ; — M. de Franqueville, auditeur au Conseil d'Etat et président de la conférence de Ste-Elisabeth, à Paris ; — M. le comte de Beaufort, membre des conférences de Paris ; — le président du Conseil de Madrid.

Dans le nombre des prêtres étrangers au diocèse, mentionnons M. l'abbé Charles, chanoine-honoraire de Paris, premier vicaire de St-Eustache et vice-président de l'œuvre des écoles d'Orient ; l'abbé Cirot, professeur à la faculté de théologie de Bordeaux, et l'abbé Bonhomme, anciennement professeur au collége de Dax, aujourd'hui vicaire de Ste-Elisabeth, à Paris.

On a beaucoup remarqué, pendant la procession, une bannière portée par un ancien chef de l'insurrection polonaise en 1830, devenu prêtre lazariste, et dont la fille (une sœur grise) figurait aussi dans le cortége. On lisait sur la bannière cette touchante inscription : **A St Vincent de Paul la Pologne reconnaissante.**

Enfin, une parente d'Abd-el-Kader, sa petite-fille selon les uns, sa petite nièce selon les autres, avait également sa place au milieu des Filles de la Charité. Il y a dans le rapprochement de ce nom et de cette profession quelque chose d'étrange et en même temps d'attendrissant. Cette jeune fille venait, le matin même, de prononcer ses vœux.

Le banquet donné aux illustres visiteurs dans un des dortoirs du nouvel hospice était, dit-on, aussi somptueux que délicat. Le service était splendide.

Plusieurs discours ont été prononcés pendant ce banquet. Celui de Mgr Epivent a produit une sensation très-marquée. Voici comment s'est exprimé notre premier pasteur :

Je devrais décliner l'honneur délicat de faire entendre une faible voix à des oreilles déjà enchantées de tout ce qu'elles ont entendu ce matin sous le chêne de St-Vincent-de-Paul! Mais mon âme est si pleine de reconnaissance, que le flot en déborde comme malgré elle et qu'il faut bien la laisser s'épancher un court instant. Je regarde d'ailleurs comme un devoir d'exprimer à tous ces pèlerins de St-Vincent-de-Paul les sentiments que leur venue a fait naître dans tous les cœurs landais et qui y resteront jusqu'à leur dernier battement.

ÉMINENCE, MESSEIGNEURS, MESSIEURS,

Nous venons d'élever un monument à la Religion, à la Charité, à l'Eglise, à la France, et le tableau qui vous en a été offert ce matin sous cet aspect a un éclat trop saint à mes yeux, pour que j'ose en reproduire ici un seul trait. S'il m'était possible d'atténuer quelque chose des grandes affirmations que les orateurs sacrés ont posées avec tant d'autorité, ce serait au sujet de ce qu'ils ont dit, non du diocèse, mais de l'Evêque d'Aire et de Dax. Chacun en rabattra facilement la portion surfaite, et tous, vous les absoudrez en songeant que c'était la voix d'un père qui parlait d'un fils, la voix d'un ami qui se souvenait d'un ancien ami. (Mouvement suivi d'applaudissements).

Mais la part qui me reste, après le thème épuisé de St-Vincent-de-Paul, est encore bonne. Elle est douce et sainte; car c'est la part du cœur, et un cœur ici n'a besoin que de peu de mots pour se faire comprendre des cœurs généreux et intelligents auxquels il s'adresse.

Représentant du diocèse, je dois en être l'organe; je dois exprimer à ces Pontifes, à ces Magistrats, à ces Guerriers, à tous ces convives, les hommages, les bénédictions, les reconnaissances du clergé et des fidèles d'Aire et de Dax.

Hommages reconnaissants à vous d'abord, Cardinal, Archevêques, Evêques venus à cette fête pour témoigner votre piété envers St-Vincent-de-Paul et vos sympathies pour le plus humble de vos frères. Malgré l'obscurité qui enveloppe sa personne, ce frère aspire à orner son siège antique d'une couronne de gloire qu'il veut former de tous les fleurons pris aux diadèmes qui ceignent vos fronts majestueux. Il n'aurait jamais élevé ses prétentions d'Evêque jusqu'à cette hauteur, si la fête de Sainte-Theudosie n'était pas venue l'instruire à l'avance de ce qu'il pouvait espérer de sa fête de St-Vincent-de-Paul. Il y avait aussi, dans la ville d'Amiens, à pareille solennité que la nôtre, un nombreux Concile de Pontifes, et Mgr Antoine de Salinis grava leurs noms dans les fastes de son diocèse, en leur conférant un titre commémoratif de leur assistance à la religieuse cérémonie. Cet immortel Pontife a été un instant mon guide ici-bas, et là-haut il est toujours pour moi un modèle. A son exemple donc, pour la plus grande gloire de Dieu, de Marie, patronne de notre diocèse, et de St-Vincent-de-Paul, son protecteur; pour perpétuer la mémoire de cette solennité et la gloire dont la présence de vos Seigneuries l'a rehaussée, je demande, comme une faveur insigne, à tous les Pontifes qui ont assisté à notre fête, leur assentiment pour les inscrire dans nos archives diocésaines comme chanoines d'honneur de nos cathédrales d'Aire et de Dax. (Les Prélats se lèvent empressés et s'inclinent en signe d'assentiment. Applaudissements et bravos prolongés).

A présent que mon diocèse est assuré de contempler toujours le sillon lumineux que le passage de Nos Seigneurs laisse sur notre terre et dans notre ciel, je viens à vous, hommes distingués, qui avez aussi apporté à la splendeur de notre fête un rayon de l'éclat qui vous environne : à vous représentants des Ministres de l'Empereur, en qui nous vénérons l'autorité supérieure qui vous envoie ; à vous, Préfet des Landes, Sous-Préfet de Dax, qui administrez avec une sagesse et un zèle appréciés ; à vous, Magistrats de nos tribunaux, de nos communes, et à vous, Maire de la cité qui enchante ses hôtes par un si cordial accueil ; à vous, hommes de guerre, et à vous, surtout, noble enfant des Landes, digne héritier de la gloire et de l'épée du vieux soldat que nous pleurons toujours, général Durrieu, qui me chargez d'exprimer vos regrets de n'être pas ici avec nous, et que mon cœur, malgré votre absence, va trouver d'un bond irrésistible, pour vous rappeler l'amitié jurée à l'ombre d'un cyprès ; à vous, hommes investis de fonctions et de pouvoirs qui ont aussi leur racine dans le Ciel ; à vous, Membres de la Commission ancienne et nouvelle du monument, qui avez fidèlement gardé au fond de vos cœurs une pensée en germe depuis plus de quarante ans, qui l'avez fait éclore et s'épanouir en une fleur immarcescible, sous la chaleur de votre amour pour la Religion et de votre dévouement pour le pays ; à vous, Supérieur général des Lazaristes et des Filles de la Charité, qui nous avez si généreusement prêté vos phalanges angéliques, pour ramasser dans tous les chemins du monde les pierres destinées au monument ; à vous, conférences de St-Vincent-de-Paul, toutes représentées ici dans la personne de ce chrétien admirable (1) qui vous a multipliées et fait briller comme des pléiades de belles étoiles au firmament de la France et du monde entier ; à vous tous qui êtes venus dans

(1) M. de Baudon.

la solitude où le Dieu et l'Apôtre de la charité parlent si bien au cœur, salut, bénédictions, actions de grâces, au nom du diocèse, de la France, de la catholicité ; au nom de Dieu, des anges et des hommes. (Frémissements, sensation profonde, bravos prolongés.)

Prophètes en Israël, vous allez bientôt chacun reprendre un chariot de feu pour retourner à vos sublimes ministères ; hommes à grandes affaires, vous entendez déjà la voix du devoir qui vous rappelle, et le gardien du monument, si heureux maintenant de votre présence, restera seul dans ses landes comme à son ordinaire. Mais le souvenir de cette journée lui restera en consolation. Quand il se sentira par trop affaissé *sous le poids du jour et de la chaleur* (1), il reviendra à la source d'eau vive que vous lui avez ouverte aujourd'hui, pour s'y rafraîchir, pour y reprendre un peu de force et de courage. Là, il reconstituera la grande assise de ce jour ; il la saluera encore de ses vœux, de ses joies et aussi des douces larmes que fait couler le souvenir des plus belles fêtes de la terre. Il reparlera de tous et de chacun de vous à sa madone et à St-Vincent-de-Paul, et ses prêtres et ses fidèles s'engagent avec lui à ce souvenir reconnaissant envers tous ceux qui ont répondu à l'humble appel de leur diocèse. (Applaudissements répétés.)

Avec de telles réminiscences, la solicitude de l'Evêque deviendra douce. Pourtant il s'y renfermerait avec un regret, s'il vous voyait tous partir sans vous avoir exprimé un vœu que lui inspire la reconnaissance pour la main puissante qui a tant aidé à élever le monument. (Mouvement. — Attention profonde.) Ce vœu, il le confie, comme un mandat sacré, à vous principalement, ses hôtes illustres qui, comme Joseph, *paraissez devant le Souverain* (2), *qui trouvez grâce devant sa face et qui pouvez lui parler à l'oreille* (3). Dites à l'Empereur toutes les reconnaissances de nos âmes pour les aumônes que nous a values la loterie organisée sous ses auspices et revêtue de sa sanction suprême [bravos unanimes] ; dites à l'Impératrice que, désormais, quand elle traversera ce désert avec son auguste Fils pour aller, au pied des montagnes, respirer les suaves parfums que les brises mêlées de la France et de l'Espagne répandent comme des flots sur nos grèves (bravos enthousiastes) ; quant, en passant près de nos deux sanctuaires, Elle entendra le tintement des cloches, le chant des hymnes, les voix de la prière, Elle pourra se dire avec l'accent de sa foi et de

---

(1) Math. XX. 12.
(2) Gen. XLI. 46.
(3) Gen. L. 4.

sa piété : il y a là des âmes qui prient pour nous. Vierge de Buglose et St-Vincent-de-Paul, exaucez les vœux qu'elles vous font pour tout ce que j'ai de plus cher en ce monde. (Applaudissements, bravos, l'auditoire est transporté).

N'oublions aucune de nos dettes dans le règlement de compte que nous sommes à faire. Il en est une de sacrée qui devrait être inscrite en tête de notre acte de reconnaissance. Une bénédiction tombée du cœur de Jésus-Christ à travers le cœur de son vicaire, est venue à notre œuvre, avant même qu'elle se fût transformée en céleste mendiante et mise en route pour faire sa tournée dans le monde chrétien. C'était en 1850 qu'un Evêque d'Aire l'envoyait à Rome demander cette bénédiction à Saint-Pierre du Vatican. (Applaudissements.) Reconnaissance donc aussi et amour au Pape qui a béni notre œuvre, dont la bénédiction lui a communiqué cette grâce divine, ce charme de foi qui lui ont conquis les affections de tous les cœurs catholiques. [Bravos prolongés.]

ÉMINENCE, MESSEIGNEURS, MESSIEURS,

Je réunis toutes ces actions de grâces dont notre œuvre est redevable envers tant d'âmes que Dieu seul connaît ; je les rattache aux deux volontés souveraines qui ont mis en mouvement le monde religieux et le monde social, pour rassembler les matériaux qui s'élèvent maintenant en beaux édifices dans les champs de Ranquines. C'est le concours de ces deux volontés dont la Providence se sert encore d'ordinaire pour exécuter des choses grandes et fortes, comme elle empruntait aux anciens jours le bras de Dieu et le bras de Gédéon pour opérer les antiques merveilles. De tout temps le monde a relevé de ces deux puissances, et je puis leur adresser un vœu commun qui emporte vers leurs trônes tous nos vœux individuels. Ce vœu, je le propose à l'acclamation de tous les pèlerins si catholiques et si français de St-Vincent-de-Paul : [Sensation profonde, vive émotion, silence religieux.]

A nos deux patries qui, depuis quatorze siècles, se soutiennent mutuellement, l'une de toute la force de Dieu, l'autre de toute la bravoure de l'homme ;

[Explosion de cris et de bravos.]

A leurs deux chefs que la Providence a suscités de nos jours pour vivre de concert ou pour mourir ensemble ;

A l'Eglise et à la France ;
A PIE IX et à NAPOLÉON III.

Cette magnifique allocution a provoqué les manifestations les plus enthousiastes de la part des membres de l'assemblée. S. Em. Mgr le cardinal Donnet,

Mgr l'archevêque d'Auch et, après lui, Mgr l'archevêque de Smyrne ont à leur tour captivé l'attention des illustres convives. Le P. Etienne, supérieur-général des Lazaristes, a pris ensuite la parole en ces termes :

Éminence, Messeigneurs, Messieurs,

Vous comprenez combien sont profondes les émotions de mon âme au milieu d'une solennité qui entoure d'une si grande gloire les œuvres et les institutions de St Vincent de Paul. Successeur de cet homme extraordinaire, dépositaire de son précieux héritage, et chargé de l'honorable mission de poursuivre l'accomplissement de ses hautes destinées et de perpétuer les bienfaits dont il a doté l'Eglise et la Société, je me sens pénétré en ce moment de la pensée que je dois être l'organe de la vive reconnaissance qu'inspire votre présence ici à tout ce qui se rattache à lui. La gloire du père rejaillit sur ses enfants. Ils se trouvent enveloppés dans les honneurs que vous lui rendez. Aussi je considère comme le plus beau jour de mon généralat celui où il m'est permis de vous exprimer tous les sentiments de gratitude dont mon cœur se trouve rempli : gratitude envers tous les membres de la hiérarchie vénérable de l'Eglise qui, en venant rehausser l'éclat de cette fête vraiment nationale, ont donné aux deux familles de Saint-Vincent-de-Paul le témoignage le plus manifeste de la sympathie et de la bienveillance dont ils les honorent : gratitude envers les dignes représentants de la haute administration de l'Etat qui, par leur présence, témoigne de la généreuse sollicitude dont le gouvernement de l'Empereur entoure les Lazaristes et les Filles de la Charité, et de l'intérêt qu'il attache au succès de leurs travaux dans notre patrie et dans toutes les contrées de l'univers. Je suis heureux de trouver cette solennelle occasion de le proclamer. Si les enfants de Saint-Vincent répandent avec tant de profusion les lumières et les bienfaits de la civilisation chrétienne chez tant de peuples divers ; s'ils travaillent si efficacement à la régénération des nations orientales ; s'ils se mêlent en ce moment dans une si grande mesure aux grandes choses que le génie de l'Empereur accomplit dans le Mexique ; si l'on voit les Filles de la Charité circuler dans les rues de Pékin et la religion déployer toute sa magnificence dans cette capitale de la Chine, pour rayonner ensuite dans toutes les provinces de ce vaste Empire et y détruire le règne de l'infidélité et du paganisme ; si, en un mot, nos deux familles réalisent de si belles entreprises sur tous les points du monde, nous aimons à reconnaître qu'après Dieu, c'est à la protection et à la munificence de Napoléon III que nous en sommes redevables, ainsi qu'aux hommes éminents qu'il honore de sa confiance. Gratitude aussi aux honorables magistrats qui président à l'administration de ce département et de cette ville, qui ne cessent d'entourer de leurs bontés et de leur bienveillance les membres de nos deux familles qui vivent et travaillent sous leur paternelle protection. Gratitude enfin aux populations de la ville de Dax et de toutes ces contrées qui se montrent pour eux si sympathiques et si bonnes. Ce jour fera époque dans nos annales ; il nous rappellera des souvenirs qui ne s'effaceront jamais dans nos cœurs. Il sera à jamais un jour de gloire pour Saint-Vincent-de-Paul ; il le sera aussi pour ses enfants reconnaissants.

Puis est venu le tour de M. Faugère, représentant de M. le ministre des affaires étrangères. Son langage élevé, plein de distinction, d'une portée tout à la fois chrétienne et politique, a vivement ému tous les esprits. En voici le texte :

MESSEIGNEURS, MESSIEURS,

Il me semble que c'est un devoir pour moi de vous dire combien je suis touché des paroles que Mgr l'Evêque d'Aire et de Dax, le Cardinal archevêque de Bordeaux, Mgr l'Archevêque d'Auch et M. le Supérieur général de la Mission viennent de faire entendre. — Je voudrais avoir le droit de les en remercier au nom de l'Empereur et de l'Impératrice... Il m'est du moins permis de leur exprimer mes remerciements au nom de S. Exc. M. Drouyn de Lhuys, qui a voulu être représenté dans cette solennité et m'a ainsi procuré l'honneur et la douce satisfaction de prendre part à une fête qui est celle de la sainteté et de la charité. Je ne fais qu'obéir à ses recommandations en saisissant l'occasion de vous dire qu'il s'y associe de cœur et qu'il eût été heureux d'y assister en personne comme il y est présent par l'intention et par la pensée.

L'éminent et loyal ministre de Napoléon III ne pouvait, en effet, oublier que c'est au temps du premier empire, il y a soixante ans, que fut rétablie en France la Congrégation de St-Lazare et que Napoléon Ier lui accorda des encouragements particuliers en vue des missions qu'elle enverrait à l'étranger.

Qui, mieux que le Ministre des affaires étrangères, est d'ailleurs en position de connaître et d'apprécier les bienfaits de cet apostolat si catholique, et toujours si français, que les fils et les filles de St-Vincent vont accomplir aujourd'hui dans toutes les parties du monde ? Le département des affaires étrangères est heureux de chaque occasion qui lui est offerte de faciliter l'établissement et de seconder les efforts de ces missionnaires qui, cherchant uniquement la gloire de Dieu dans les œuvres de leur dévouement et de leur foi, y rencontrent par surcroît les moyens d'ajouter à la bonne renommée du nom français à l'étranger et d'accroître le prestige de notre puissance.

M. le Supérieur général, en nous parlant des divers pays que la politique de l'Empereur a ouverts à la pieuse activité des missions, vient de citer le Mexique, et je l'en remercie.— Naguère encore les vénérables sœurs de la charité venues dans ce pays avec notre armée y prodiguaient leur assistance à nos vaillants soldats jusque sur le champ de bataille ; et maintenant les missions de St-Lazare, appelées par un gouvernement réparateur, auront l'insigne honneur de concourir à la régénération religieuse et morale de ce beau et trop longtemps malheureux pays Elles contribueront ainsi pour leur part au succès définitif de cette généreuse expédition du Mexique, œuvre d'une inspiration tellement profonde et prévoyante, et à laquelle se rattachent tant d'intérêts divers, que la généralité du public n'en a pas tout d'abord compris la grandeur et la portée. Je vous demande pardon de cette excursion que je fais sur le domaine de la politique, mais cette entreprise du Mexique, qui formera une des plus belles pages du règne actuel, a été tellement méconnue qu'il me semble qu'il est bon de profiter de toutes les occasions de la présenter sous son véritable caractère. N'avons-nous pas vu les feuilles mêmes qui se montrent les plus jalouses du sentiment national, évoquer comme une menace, à propos de cette expédition, le fantôme de la puissance de l'Amérique du Nord? Grâce à Dieu et par suite de circonstances que j'oserai appeler providentielles, notre expédition s'est accomplie dans un moment où cette objection si peu française n'était pas même à redouter... Ainsi se trouvera fondé au Mexique un empire catholique, au grand avantage de la civilisation et du commerce, et qui sera comme une barrière aux envahissements sans limite d'une démocratie sans frein...

C'est du fond du cœur que je vous propose de boire au souvenir à jamais durable et à la fécondité de cette belle et bonne journée ; à la prospérité croissante de ce diocèse privilégié entre tous, puisqu'il est le berceau de St-Vincent, et au digne prélat placé à sa tête et dont le cœur vient de se révéler à nous dans une allocution si touchante ; enfin, à la ville de Dax où les étrangers accourus à cette solennité ont trouvé une si cordiale hospitalité !

La séance a été close par quelques mots de S. E. le cardinal-archevêque.

On évalue à 35 ou 40,000 âmes le nombre des personnes qui assistaient à la cérémonie. Sauf un accident à peu près insignifiant arrivé sur la route à la voiture de M. Davezac de Moran, aucun malheur n'a été à déplorer. Notre bienheureux compatriote protégeait évidemment cette fête.

Voici les noms des prélats qui assistaient à la cérémonie :

S. E. Mgr le cardinal DONNET, archevêque de Bordeaux, primat d'Aquitaine, comte romain.
Mgr DELAMARRE, archevêque d'Auch.
Mgr GUIBERT, archevêque de Tours.
Mgr DE JERPHANION, archevêque d'Alby.
Mgr SPACCA PIETRA, archevêque de Smyrne.
Mgr DE DREUX-BRÉZÉ, évêque de Moulins.
Mgr DEVOUCOUX, évêque d'Evreux.
Mgr GIGNOUX, év. de Beauvais, de Noyon et de Senlis.
Mgr COUSSEAU, évêque d'Angoulême.
Mgr DABERT, évêque de Périgueux.
Mgr LACROIX, évêque de Bayonne.
Mgr BELLAVAL, évêque de Pamiers.
Mgr EPIVENT, évêque d'Aire et de Dax.

Quatre évêques, sur 17, manquaient au rendez-vous de Ranquines : c'étaient MM. de Marseille, d'Agen, de Nantes et de Tarbes. Ils ont été retenus par suite de maladie.

Le soir, la ville de Dax était illuminée ; le feu d'artifice annoncé a été tiré sur la berge de l'Adour en présence d'une population innombrable. Il a tenu et au-delà toutes les promesses du programme.

La réunion de l'Hôtel-de-Ville a également eu lieu. Les prélats encore présents à Dax, ainsi que M. le préfet des Landes et d'autres hauts personnages, y assistaient. Une foule élégante circulait dans les salons et dans les jardins brillamment illuminés. Des rafraîchissements de toute sorte ont été servis à profusion. Nos trois sociétés de musique ont contribué puissamment à embellir cette soirée. Un morceau surtout de la Société philharmonique a provoqué les ap   ssements les plus vifs. S. E. le cardinal-archevê   est descendue, en s'appuyant familièrement sur   ras de M. le maire de la ville, pour exprimer toute sa satisfaction aux musiciens et aux choristes.

La maison de St-Vincent aurait été, nous assure-t-on, pendant la journée du 24, le théâtre de quelques mutilations. Des pans de bois auraient été plus ou moins profondément entaillés, et des débris d'étoffes ayant appartenu au petit pâtre de Ranquines auraient été aussi l'objet de pieux larcins. Il a fallu mettre un terme à ces manifestations d'un zèle trop indiscret.

Le lendemain, lundi, M. le maire de Dax a offert un déjeuner splendide aux hôtes de distinction qui se trouvaient encore dans nos murs. Mgr. Epivent, le P. Etienne, supérieur général des Lazaristes, le P. Salvayre, procureur-général, M. le sous-préfet, ainsi que d'autres notabilités dacquoises, assistaient à ce repas dont l'idée nous a paru fort heureuse, après le banquet de la veille donné par les RR. PP. On assure que la matinée de M. le maire était charmante. Le bon goût et la cordialité la plus parfaite ont régné dans cette réunion.

M. l'abbé Godard, dont tout le monde connaît le talent d'écrivain et de prédicateur, a publié dans le *Réveil des Landes* une lettre très intéressante sur la cérémonie du 24. On nous saura gré de reproduire ces pages inspirées par le cœur du prêtre et de l'ami.

Monsieur le Rédacteur,

. . . .
. . . .

Tous les âges et tous les rangs de la hiérarchie ecclésiastique et civile, depuis les cardinaux, les archevêques et les évêques, jusqu'aux premiers dignitaires de l'Etat, s'y étaient donné rendez-vous (*à la cérémonie du 24*).

La foule était immense, et elle l'aurait été bien davantage, si le chemin de fer, dont les employés ont montré tant d'activité, de prudence et de tact, avait pu transporter un plus grand nombre de voyageurs.

Malgré la multitude, malgré le soleil, malgré la poussière, tout s'est passé avec ordre; on sentait que c'était une fête religieuse.

Que vous dirai-je de cette procession imposante où douze prélats, parmi lesquels il y avait un cardinal, plusieurs archevêques et plusieurs évêques, s'avançaient majestueusement, la mitre en tête et la crosse à la main, et bénissaient, sur leur passage, les pèlerins agenouillés ?

Que vous dirai-je de ce discours de bienvenue, adressé avec tant de conviction et d'entrain, par le bon curé de St-Vincent-de-Paul, à tous ces prélats qui étaient, en ce moment, les illustres visiteurs de sa paroisse ?

Que vous dirai-je du remarquable discours dans lequel M. l'abbé Etienne, supérieur général des lazaristes et des filles de la charité, nous a si bien prouvé que St Vincent de Paul a été l'homme de son temps, qu'il est l'homme du temps présent et qu'il sera l'homme des temps à venir ?

Que vous dirai-je des mots si chaleureux que le cœur de Son Eminence le cardinal de Bordeaux nous a lancés avec tant d'à-propos et que notre cœur a compris ?

Que vous dirai-je surtout de la musique et de la société orphéonique de la ville de Dax ? Ses morceaux ont été d'un choix parfait et d'une exécution bien plus parfaite encore. On sentait qu'il y avait là non-seulement des artistes, mais encore des chrétiens et des hommes de foi.

Et pendant que la foule allait et venait comme les

flots d'une mer calme, pendant que la double harmonie des instruments et des voix faisait onduler dans l'espace ses pieux accords, pendant que les orateurs parlaient les uns après les autres, savez-vous ce qui se passait en moi ?

Planant au-dessus de tout ce mouvement, au-dessus de tout ce bruit, je me disais :

Encore une preuve de plus de la divinité de Jésus-Christ ! Et celle-ci, la *Critique*, telle que l'entendent les *Sophistes* de nos jours, n'a rien à y voir ; car n'a-t-on pas prétendu, avec beaucoup de bon sens, que l'argument le plus têtu, c'est un *fait*. Or, ici, il faut en convenir, c'est d'un *fait* qu'il est question, et d'un *fait si éclatant* que la *Critique* moderne ne peut pas plus y mordre que le *Serpent de la Fable* qui usa vainement ses dents contre une *lime*.

St-Luc, résumant en deux paroles la vie de Jésus-Christ, disait : Il a passé en faisant le bien (1).

Il y en a qui n'ont appliqué ces paroles mémorables qu'aux années de son passage visible ici-bas. Mais moi, me souvenant de cette promesse faite par lui à ses apôtres pour les consoler à l'heure du dernier adieu : « Voilà que je suis avec vous tous les jours, jusqu'à la » consommation des siècles (2) ; » Moi je les étends à la perpétuité de son passage invisible à travers le monde.

St-Jérôme, dans un de ses ouvrages cité par Thomassin, a écrit : « Le Christ vient toujours (3) ».

A la double lumière de l'Ecriture Sainte et de la tradition catholique, je contemple le Sauveur Jésus qui passe, depuis dix-huit cents ans, à travers les nations et qui y passe toujours en faisant le bien ; oui,

---

(1) *Pertransiit benefaciendo.* Art. 10, 38.
(2) *Ecce ego vobiscum sum, omnibus diebus, usque ad consummationnem sæculi.* Matth. 28, 20.
(3) *Christus venit semper.* S. Hierony.

c'est le pèlerin infatigable de la bienfaisance, parce que c'est le Dieu de l'amour sans fin ! (1).

Et quand, ici ou là, dans un siècle ou dans un autre, il y a des cœurs qui s'ouvrent pour recevoir en eux l'effusion de cette charité intarissable, alors apparaît un bienfaiteur de l'humanité.

Et ce bienfaiteur de l'humanité, qu'est-il autre chose que la personnification vivante de Jésus-Christ ?

Un de ces larges cœurs se rencontra au dix-septième siècle : c'était le cœur de St-Vincent-de-Paul.

Je n'essaierai pas de vous dire avec qu'elle fidélité il s'était, d'abord, rempli lui-même de l'amour de Jésus-Christ pour les hommes, et ensuite avec quelle abondance il avait déversé cet amour soit par lui-même sur ses contemporains, soit par sa famille spirituelle sur la postérité.

Une plume plus autorisée et plus étincelante que la mienne, l'a raconté naguère dans un mandement dont le style, semblable au burin d'un grand artiste, suffirait à lui seul pour immortaliser les miracles de cette charité.

Mais ce qu'elle n'a pas raconté — parce qu'il n'avait pas encore été donné à la terre d'en être témoin — c'est ce flot, ce flot immense de la reconnaissance publique remontant vers cette charité, pour décerner à celui qui en avait été le canal docile le plus glorieux et le plus légitime des triomphes.

Et c'est à dessein que je dis — *le plus légitime des triomphes* — car l'amour ne se paie que par l'amour ; c'est la loi immuable, constatée par l'expérience et le langage populaires.

Jésus-Christ faisait allusion à cette loi lorsqu'il lançait cette prophétie :

« Une fois que j'aurai été élevé de terre, j'attirerai tout à moi (2). »

---

(1) *Cùm dilexisset suos qui erant in mundo, in finem ilexit eos.*
(2) *Si exaltatus fuero à terrâ, omnia traham ad meipsum.* Jean. 12, 32.

Ah ! c'est qu'il voyait — cet ami divin de l'humanité — il voyait, dans la lumière de l'avenir, les générations chrétiennes venir, les unes après les autres, s'agenouiller au pied de la croix où il était mort volontairement, par un excès d'amour pour nous ; et là, après avoir été séduits par la fascination de ce dévouement incompréhensible, s'élever par le cœur jusqu'au sublime *crucifié*, pour le serrer dans les étreintes d'un irrésistible amour.

Voilà, oui, voilà la marche transcendante des cœurs vers Jésus-Christ (1).

Or, vers les imitateurs de Jésus-Christ, c'est le même mouvement ascensionnel de la reconnaissance.

Les générations, à mesure qu'elles se succèdent, leur rendent, en témoignages de piété et de vénération, ce qu'elles en ont reçu en actes d'abnégation et de sacrifices.

Dès-lors, je ne m'étonne pas que la France tout entière et surtout nos bonnes populations des Landes se soient levées comme un seul homme, à l'heure marquée par la Providence, pour ajouter un suprême rayon, plus brillant que tous les autres, à l'auréole de St-Vincent-de-Paul, sur le lieu même de sa naissance.

Eh ! n'ai-je pas raison de dire — surtout nos bonnes populations des Landes ?

Car ce bienfaiteur universel de l'humanité, s'il a fait sentir partout l'influence féconde de sa charité, l'a répandue, avec une prédilection toute filiale, dans le voisinage de son berceau.

N'en avons-nous pas la preuve irréfragable dans le bien opéré par les lazaristes et par les filles de la charité établis depuis si longtemps parmi nous ?

Aussi la reconnaissance publique a-t-elle essayé d'égaler les bienfaits.

(1) *Nos ergò diligamus Deum, quoniam Deus prior dilexit nos.* 1 Joan. 4, 19.

Mais comme ces bienfaits seront sans cesse renaissants, il faut espérer que la reconnaissance ne s'éteindra jamais.

Non, elle ne s'éteindra pas !

Tous ceux qui ont un cœur, un cœur d'homme, un cœur de chrétien, viendront en pèlerinage au berceau de St-Vincent-de-Paul.

Et là, près du chêne séculaire qui a ombragé ce berceau, dans cette église dont ce berceau a désigné la place, dans cet hospice si bien situé à côté de ce berceau du protecteur de l'enfance et de la vieillesse, là, comme en sa triple source, ils viendront puiser la charité.

Puis ils n'auront qu'à partir, ces pèlerins de la charité fraternelle, et à la prodiguer partout sur leur passage.

C'est ainsi qu'ils seront les meilleurs apologistes de la religion catholique ; par là ils prouveront mieux que par tous les arguments la divinité de Jésus-Christ.

Oui, tant que sous le costume religieux il y aura des lazaristes et des filles de la charité, tant que sous l'habit laïque il y aura des conférences de St-Vincent-de-Paul, nous pourrons l'affirmer hautement :

Jésus-Christ est Dieu !
C'est la crainte qui fit les faux dieux (1) !
C'est la charité qui fait le Dieu véritable !
Dieu est charité (2) !

P. S. Je ne veux pas laisser la page de *Chronique religieuse* consacrée au récit de la grande solennité qui vient d'avoir lieu à St-Vincent-de-Paul, s'en aller toute seule édifier vos chers lecteurs.

C'est qu'en effet, s'il y a, dans les pompes d'une solennité du catholicisme, quelque chose qui enthousiasme et qui électrise, il y a aussi, dans l'absence de

---

(1) *Primus in orbe Deos fecit timor.*
[2] *Deus charitas est.* 1 Joan. 4, 8.

ceux qui, pour leur part, avaient préparé de loin cette solennité, oui, il y a, dans leur absence, quelque chose qui émeut et qui navre.

Que serait-ce donc, si l'on s'imaginait que cette absence est une absence totale, parce qu'on n'aurait pas foi dans la survivance de ceux qui nous ont quitté ?

Mais le chrétien sait indubitablement qu'au-delà de la tombe, tandis que, d'un côté, il y a le sommeil passager du corps, il y a, de l'autre le réveil éternel de l'âme.

Aussi pour lui — pour lui qui ne cesse point de tenir à ceux qui meurent, parce qu'en mourant ils ne cessent pas tout-à-fait de vivre — je ne connais pas d'éloquence plus poignante et plus sympathique que celle d'une larme, que ce soit une larme de *pitié*, ou une larme *d'espérance*.

Le souvenir de celui qui paraissait prédestiné à figurer, en première ligne, dans cette cérémonie mémorable, et qui, mort à la peine, dans la force de l'âge, n'assistait pas au couronnement de cette œuvre, dont il avait été le hardi et infatigable initiateur, s'est tout-à-coup éveillé dans mon cœur avec plus de vivacité que jamais ; et j'ai senti monter à ce cœur, doublement impressionné, une double larme, une larme de pitié et une larme d'espérance.

Cette double larme, qui était la rosée de mon cœur, s'est changée en une autre rosée, qui est celle de la poésie. J'ai dit — *s'est changée* — le mot n'est pas exact. J'aurais dû dire - *s'est cristallisée* — car si les larmes, dans la spontanéité de leur premier jet, coulent toutes chaudes le long des joues, elles se figent et se glacent dans l'encre et sur le papier.

C'est le triste sort de celles-ci ; ce que j'éprouvais en moi-même, je n'ai pas su l'écrire.

Quoi qu'il en soit, je vous envoie cette *élégie* telle quelle.

J'y pleure quelqu'un que vous aimiez, et que tout le

— 26 —

monde aimait avec vous. Mais je l'y pleure en catholique qui croit à l'immortalité de l'âme et au souvenir bienfaisant des *morts*.

Le bon, l'excellent abbé Truquet est, pour moi, toujours vivant, et, dans l'autre monde, où mon âme monte vers la sienne pour se recommander à lui, j'ai la douce confiance qu'il nous fait encore du bien par ses prières.

Voilà pourquoi ma pièce de vers commence par ce mot — regret — et finit par cet autre — consolation.

A mon ami l'abbé Truquet,
Ancien supérieur des Lazaristes à Notre-Dame du Pouy,
à St-Vincent-de-Xaintes, paroisse de Dax.

ÉLÉGIE.

In memoria æterna erit justus.
PSAL. III, 7.
Le juste vivra toujours dans la mémoire du cœur.

Ah! pauvre ami, pourquoi, dans ce grand jour de fête,
Debout à nos côtés, n'étais-tu pas présent?
Nous aurions tant voulu t'y voir à notre tête,
Pour y faire régner l'ordre et le mouvement!

Mais tu n'étais point là, quand, joignant leurs prières,
Trois pontifes émus consacraient à la fois
Cette église où l'enfant, né parmi les bruyères,
Devait monter si haut, aux pieds du roi des rois!

Et pourtant c'était toi, dont le zèle intrépide,
Faisant, comme un apôtre, appel à l'univers,
Tira d'un sol tout nu cette église splendide,
Qui, fleur de l'art chrétien, brille au sein des déserts!

Ah! pauvre ami, pourquoi, dans ce grand jour de fête,
Debout à nos côtés, n'étais-tu pas présent!
Nous aurions tant voulu t'y voir à notre tête,
Pour y faire régner l'ordre et le mouvement!

Mais tu n'étais point là, quand la foule ravie
Du *grand Saint* transportait les restes triomphants,
Pour qu'aux lieux où jadis il recevait la vie,
Il reçut, dans la mort, nos vœux et notre encens.

Et ! pourtant c'était toi qui, fils fidèle et tendre,
Pour honorer ce *père*, au fond de son tombeau,
Conçus l'heureux projet de transférer sa cendre
Où son corps, en naissant, eut son premier berceau !

Ah ! pauvre ami, pourquoi, dans ce grand jour de fête,
Debout à nos côtés, n'étais-tu pas présent ?
Nous aurions tant voulu t'y voir à notre tête,
Pour y faire régner l'ordre et le mouvement !

Mais tu n'étais point là, quand sur ce bel hospice
Un prélat éminent appelait l'œil de Dieu.
Pour qu'enfants et vieillards, dans ce séjour propice,
Pussent vivre et mourir à l'ombre du saint lieu.

Et pourtant c'était toi qui, près du tabernacle,
Où brûle incessamment ce feu mystérieux
Qui de la charité produit, seul, le miracle,
Aux pauvres de tout âge ouvris ce seuil pieux !

Ah ! pauvre ami, pourquoi, dans ce grand jour de fête !
Debout à nos côtés, n'étais-tu pas présent ?
Nous aurions tant voulu t'y voir à notre tête,
Pour y faire régner l'ordre et le mouvement !

Mais tu n'étais point là ! Je me trompe : ton âme,
Oui, ton âme, de toi la meilleure moitié,
Circulait parmi nous comme une sainte flamme,
Dans le rayonnement d'une double amitié.

Tu venais assister à la gloire d'un *père*
Dont son pays natal transfigurait le nom,
Et dans chacun de nous tu visitais un frère
Dont le cœur près du tien battait à l'unisson.

Que m'importe, dès-lors, que longtemps avant l'heure,
Dans le dernier sommeil tu te sois endormi,
Ton corps s'en est allé, mais ton cœur nous demeure !
Et le meilleur gardien, c'est le cœur d'un ami !

Ce cœur, du haut du ciel, sur nos *Landes* bénies,
Epanchant à longs flots son amour fraternel,
Demandera qu'à l'or, qui les a rajeunies,
Vienne s'unir l'espoir du bonheur éternel.

Il ne permettra pas que ces biens périssables
Qu'on possède aujourd'hui pour les quitter demain,
Leur enlèvent le goût des trésors véritables
Qui, par delà le temps, n'auront jamais de fin.

Que m'importe, dès-lors, que longtemps avant l'heure,
Dans le dernier sommeil tu te sois endormi ?
Ton corps s'en est allé ; mais ton cœur nous demeure !
Et le meilleur gardien, c'est le cœur d'un ami !

Il veillera sur nous, pour qu'en ce siècle étrange
Où dans les divers rangs de la société,
Tant de moralité se mêle à tant de fange,
Notre grande vertu, ce soit la *Charité !*

Et pour mieux la puiser, comme en sa triple source,
Du *Temple* et de l'*Hospice* au *Chêne* renaissant,
Il saura, tour à tour, diriger, dans leur course,
Les pèlerins du cœur, dont tout pauvre est l'enfant !

Que m'importe, dès-lors, que longtemps avant l'heure,
Dans le dernier sommeil tu te sois endormi ?
Ton corps s'en est allé, mais ton cœur nous demeure !
Et le meilleur gardien, c'est le cœur d'un ami !

L'abbé Charles-Félix Godard,
Missionnaire apostolique.

Ainsi qu'on l'avait annoncé, des pèlerinages ont eu lieu toute la semaine au monument de St Vincent de Paul. Le mercredi, 27, avait été réservé à la ville de Dax ; ce jour-là, comme on sait, était destiné à un service solennel dans la nouvelle chapelle, à l'occasion de la translation des restes mortels du regretté abbé Truquet. Le corps, transporté la veille dans la maison natale du Saint, a été déposé le matin devant la porte de cette maison. C'est là que M. l'abbé Getten, curé de la paroisse, en a fait la levée : le cercueil, après avoir été porté en cérémonie tout autour de l'enceinte de clôture, a été introduit dans l'église et placé sur le catafalque dressé au milieu de la nef. La messe des morts a immédiatement commencé. C'était M. le curé de la cathédrale de Dax qui officiait. Après l'absoute, le vénérable archiprêtre a prononcé d'une voix émue les paroles suivantes :

In memoria æterna erit justus.
Le souvenir du prêtre fidèle sera impérissable.

Il n'est plus, mes frères, car voilà son cercueil. *Mihi superest sepulchrum.*
Il n'est plus... tous nous l'avons pleuré, tous nous avons porté son deuil... Il n'est plus... ses frères dans le sacerdoce ne sentiront plus les étreintes de sa main toujours si cordiale ; les âmes pieuses qu'il dirigeait avec tant d'habileté ne recevront plus ses sages conseils ; et les pécheurs, au-devant desquels il allait, à l'exemple de son Divin Maître, ne le trouveront plus sur leur passage, heureux de les relever et de les protéger de sa mansuétude et de sa charité. Il n'est plus... Mais si la mort a abattu d'un coup imprévu cette tête encore jeune et vigoureuse, si elle l'a fauchée dans l'espérance d'ensevelir dans le même tombeau et l'homme et son œuvre, la mort s'est trompée. O mort ! où est ta victoire ? *Ubi est, mors, victoria tua ?* L'ouvrier infatigable, par le large sillon tracé à la sueur de son front dans le champ de Ranquines, d'où sont sortis ces majestueux édifices que nous admirons, est toujours vivant ; et son œuvre, confiée à des mains non moins pieuses qu'intelligentes, est debout, rayonnant de splendeur. Ah ! mes frères, c'est qu'il est écrit que le souvenir du prêtre fidèle est impérissable ; *in memoria æterna erit justus.*
Voyez plutôt, mes frères : Qui de nous, dans cette solennité qui n'aura jamais d'égale dans ces contrées où il a été donné à Saint-Vincent de Paul, au pied de son humble berceau, de contempler du haut du ciel ses deux familles si aimées, l'honneur et la gloire des deux hémisphères, l'une par les rudes labeurs de l'apostolat, l'autre par les élans de son ardente charité ; qui de nous, j'aime à le proclamer, n'a pas donné en ce beau jour une pensée, un souvenir au prêtre vénéré dont nous entourons pour la dernière

fois la dépouille mortelle de nos sympathies, de nos regrets et de nos larmes? Qui de nous ne l'a pas cherché du regard à travers ces glorieuses phalanges composées des fils pieux de St Vincent de Paul? Qui de nous n'a pas tressailli de la joie sainte qu'il eût éprouvée lui-même en voyant le triomphe glorieux qu'il avait préparé de longue main à son père bien-aimé? Mais, ô décrets impénétrables de Dieu! nous fûmes forcés de regretter son absence. Nous le cherchâmes en vain. Il n'est plus... mais son souvenir sera impérissable, Dieu l'a dit : *In memoria æternâ erit justus*. Oui, il sera impérissable, surtout dans cette terre des Landes, car elle n'est point ingrate. Le vent qui y souffle peut bien y dessécher parfois l'humble fleur et le faible arbrisseau, jamais il ne desséchera nos sentiments. Toujours on se souviendra de M. Truquet, de cet homme au cœur franc et loyal, à l'âme ardente et dévouée; toujours on se souviendra du bonheur qu'il éprouvait à se rendre utile, et du charme de ses vertus qui, en faisant le bon prêtre, donnent au ciel des élus.

Et maintenant, prêtre de J.-C., serviteur fidèle, prenez le chemin de votre dernière demeure, au milieu des bénédictions de notre cœur et des larmes de cette pieuse assistance. Allez vous reposer, et dormez votre suprême sommeil auprès de cette pierre angulaire que nous avons soudée ensemble et qui recouvre votre nom, le nôtre et celui du clergé. C'était là votre place. Dès le jour de votre trépas, nous l'avions demandée le premier pour vous, comme un bonheur, comme un hommage, comme une reconnaissance. Vous serez généreux fils de St Vincent de Paul, vous serez toujours de cet asile saint le protecteur fidèle; car le prêtre selon le cœur de Dieu ne meurt jamais · *In memoria æternâ erit justus*.

Et puis, quand viendra l'heure du grand réveil, quand, à la voix de l'ange, s'ouvriront tous les tombeaux,— *surgite mortui*,— quand tous les hommes renaîtront de leurs cendres pour paraître devant leur juge, quand toute la nature sera dans l'effroi, levez-vous avec confiance. Cette chapelle monumentale, ces autels consacrés par vos soins à la gloire de l'Eternel et du grand apôtre de la charité, les vœux et les prières ferventes dont ils auront été couverts, cet hôtel-Dieu de nos landes ouvrant ses larges portes aux deux plus grandes misères de l'humanité, l'enfance sans soutien et la vieillesse impuissante, parleront en votre faveur. Et n'eussiez-vous dans votre vie si pleine de bonnes œuvres d'autre mérite, soyez, soyez sans crainte, vous serez le bien venu au ciel, vous serez couronné. *Veni, coronaberis*.

A la suite de ce discours, le corps a été descendu dans le caveau funèbre pratiqué sous le chœur, et placé tout à côté de la pierre angulaire de la crypte. Une foule d'élite remplissait l'église et débordait, hors de l'édifice, jusqu'auprès du chêne de Saint Vincent. On comptait, parmi les assistants, tous les prêtres-lazaristes encore présents à Dax, et une quarantaine au moins de Filles de la Charité. La cérémonie, commencée vers 9 heures, a duré jusqu'à une heure environ. A 4 heures, des vêpres solennelles ont été chantées, et M. l'archiprêtre a prononcé encore quelques paroles. — Pendant toute la matinée, des messes ont été dites, soit dans la maison du saint, soit dans les églises de Dax, soit à la chapelle des Lazaristes à N.-D. du Pouy, pour le repos de l'âme du défunt.

Le dimanche, 1er mai, une affluence considérable s'est portée à Pouy pour assister aux offices de l'Octave du 24 avril. La messe a été chantée solennellement par M. Etienne, supérieur-général des Prêtres de St-Lazare et des Filles de la Charité. Un grand nombre de bonnes sœurs, encore présentes, se faisaient remarquer dans l'assistance. La pluie, survenue inopinément, a dérangé les projets des visiteurs qui sont repartis, pour la plupart, à l'issue de la messe. A l'office du soir, la foule se trouvait notablement diminuée.

Le lundi, 2 mai, a eu lieu la clôture de la neuvaine. Plusieurs messes ont été dites, pendant ces deux jours, à l'autel élevé dans la chambre natale de Saint Vincent de Paul. Cette pièce est sans contredit la partie la plus intéressante de la vieille maison, qui n'a pu, comme on le faisait remarquer dernièrement, être intégralement conservée. Ainsi, l'étable a dû être retranchée de la nouvelle construction ; mais les poutres, chevrons et autres matériaux ont été soigneusement mis de côté.

Ajoutons, enfin, que ceux dont Saint Vincent de Paul avait été si justement surnommé le Père, n'ont pas été oubliés à l'occasion de la fête du 24. Par les soins de la municipalité de Dax, des secours ont été donnés et des distributions abondantes de comestibles ont été faites aux pauvres de la ville, tant à l'hôpital qu'à domicile. Ce sont là des inspirations du cœur dont on aime à constater l'heureux à-propos.

DAX. — Typogr. et lithogr. de G. Bonnebaigt, rue Neuve, 24.